おばあちゃんはファッションモデル

森千波
渡久地恵美子

私は「さをり織アーティスト」です。さをり織とはルールがない、自由な手織りのことです。自分の作品のモデルになってもらうことで、「おばあちゃんが楽しめたらちょうどいい！」、そんな気持ちで声をかけました。

私のおばあちゃんは現在94歳です。
いつまでも一緒にいたいですが、そう言うわけにもいきません。
目に見えて老いてくるおばあちゃんに少しでもたくさん笑ってもらおう、若返ってもらおう、楽しんでもらおう、という一心で、さをり織の作品のモデルになってもらったのです。

それをインスタグラムで紹介してみると好評で、本にまとめることになりました。
大好きなおばあちゃんとの思い出が形に残ることになり、とても嬉しいです。

森　千波

目次

今がいちばん幸せ

いつまでも元気でいるために

人生は楽しむもの

孫・千波から見た恵美子おばあちゃん

千波とさをり織

ふたりのはなしと「恵美子おばあちゃん」の生い立ち

今がいちばん幸せ

祝93周年
おばあちゃん
おめでとう

その気になれば楽しいもの

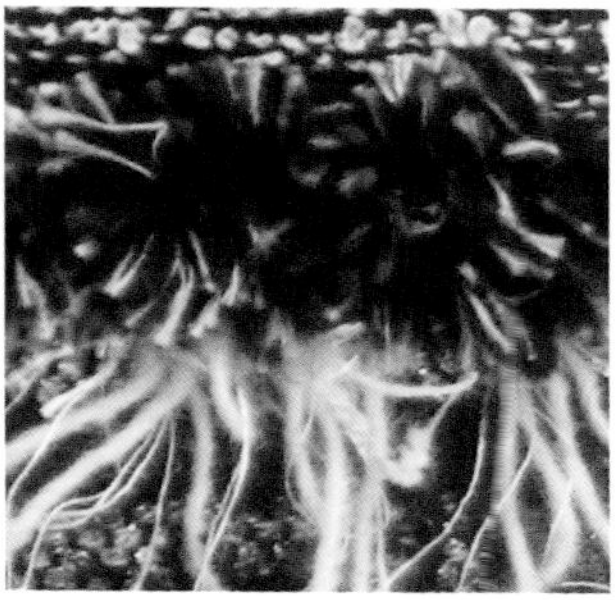

年寄りが服のモデルなんておかしいって断った。
若くてきれいな人がするものだって。
でもね、その気になったら慣れてきて楽しくなった。
世界中の人たちが「かわいいよ」って言ってくれると、
お世辞でも嬉しいねえ。

元気の秘訣は気持ちを若く保つこと

モデルをして変わったのは気持ちが若くなったこと。
「こんなおばあちゃんがモデルなんておかしい」
って言ってたのにね。

毎日、楽しい時間を過ごすこと

孫の千波はいつも私を仕事場に連れて行ってくれて
横でさをりを織る。
何百種類もの糸や布。
デザインを考える真剣なまなざし。
横で見ていると楽しいね。

DOS EQUIS

人の役に立ちたいと思うのは当たり前

94歳の今だって人の役に立ちたいね。
だから糸を巻くのはまかせて。

時間は守らないとね

紡績工場に出稼ぎに行っていた頃。
友達と待ち合わせしていたら、
時間になっても来なくてね。
それで人に迷惑になるから
時間を守ることにしたよ。

準備は大切

旅行なんかの行事があるとね、
持ち物のリストを作って
前の日には準備しておくの。
当日では忘れることがあるでしょう？
一日を楽しむためにね。

学びに終わりはない

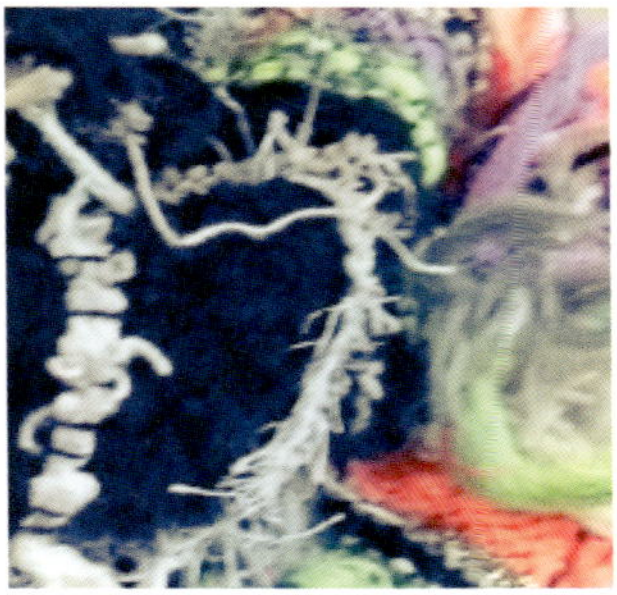

94歳にもなると
家にいることが多くなるから
本を読むの。
若い人の本だって
千波の家にある本は
だいたい読んだかな。

Banksy
Wall and Piece

「おばあちゃんとお母さん、親子三代です。」

「娘が5人、孫は11人！」

「おばあちゃんには昔からボス感があるんです。
今も昔も頼もしいんです」

いつまでも元気でいるために

歩けない日は足の裏を叩く

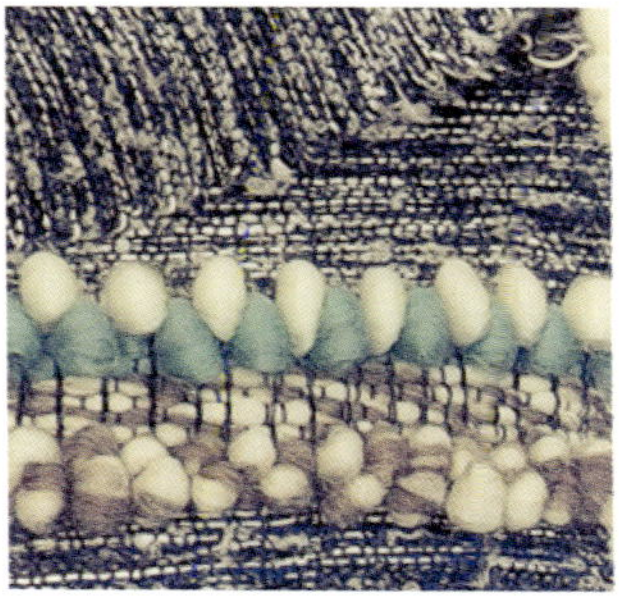

やっぱり健康は歩くことから。
家では歩くけど、外では歩けない。
だから足をぽんぽん叩いているよ。
毎日、15分。
歩けるなら歩きたいし、
走れるなら走りたいけどね。

酢大豆を1日5粒

血圧が高かった時に
酢大豆を食べはじめたの。
1日5粒。
これで正常になったよ。
おかげで大好きなチーズも
食べられるようになったわ。

体はずっと覚えている

70代で町内の運動会に出た。
輪回しという競技、
男性9人に女は私ひとり。
2位だったよ！
きっと子どもの頃、
桶を縛る「うままわし」を転がして
遊んでいたおかげかもね。

80歳まで病気知らず

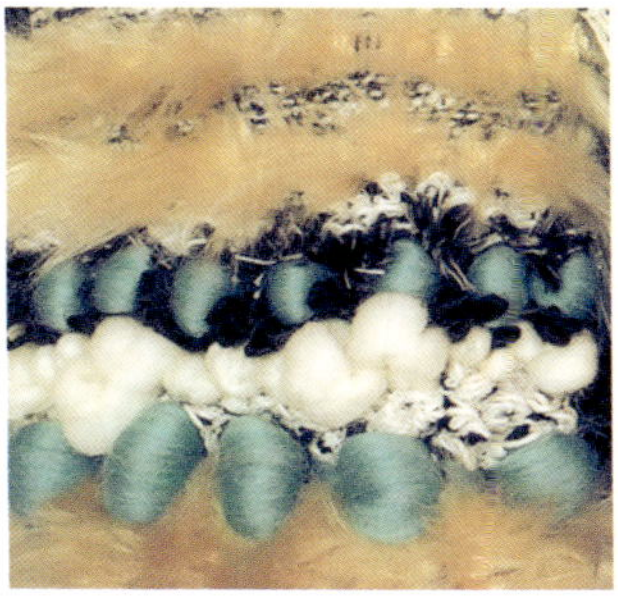

80歳まで病院に行かずに済んだのは
魚を食べる習慣があったからだと思うの。
父が漁師だったからいつも魚を食べていた。
おかげで骨は丈夫。
80歳過ぎて、階段の上から下まで
転がり落ちた時も無傷だったわ。
孫にはスタントマンになったらって言われたのよ。

計算は頭の体操

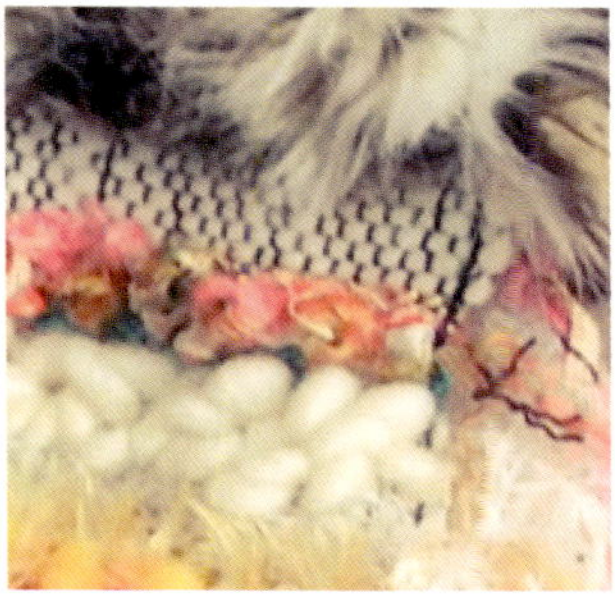

いつも誰かの干支を尋ねては
計算して年齢を当てるの。
娘がボケないように気をつけてと
心配するものだから、
いつも誰かの誕生日を思い出して、
頭を動かしている。

色々なことを楽しむ

歳をとるとできることの
幅は狭まるけれど、
できることを楽しむ気持ちが大切。
手先を動かす。お手伝いをする。
テレビを観る。新聞を読む。
どれも楽しめることは幸せなこと。

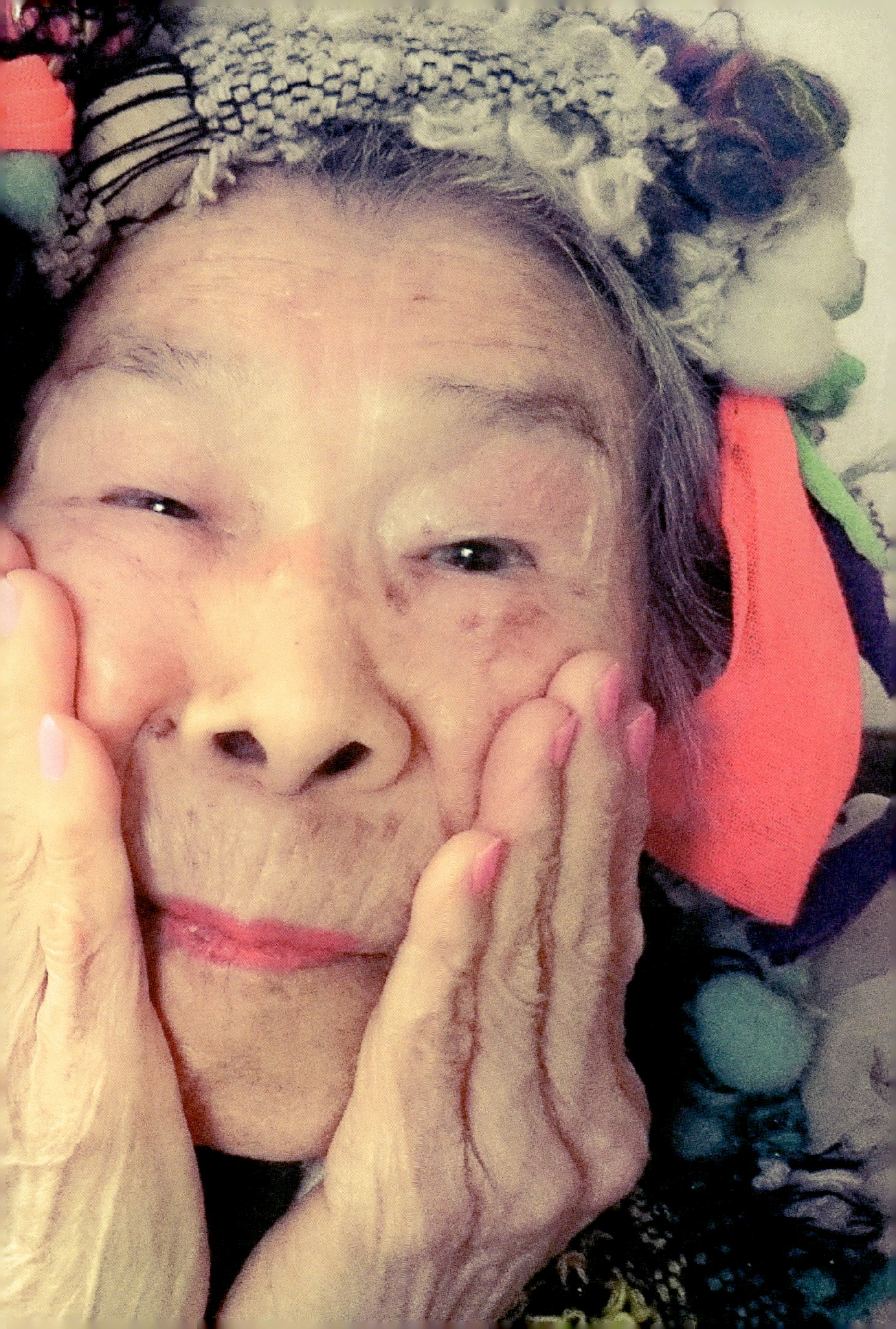

「主人はね、男前だったの。私はブスなのに」

「おばあちゃんは可愛いよ！　みんなも褒めてくれているのに！」

人生は楽しむもの

家族でも遠慮はするもの

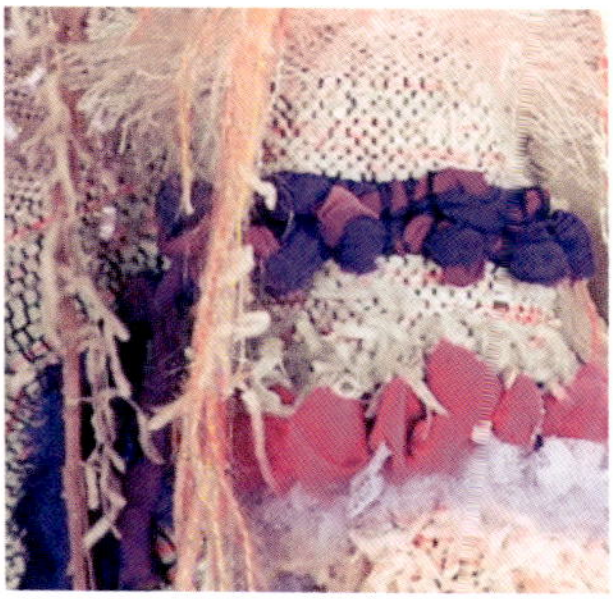

94歳にもなると
家族に遠慮はするけれど
悩むことじゃあないの。
私も気にやんだことはあったけど、
心配することではないって気がついたの。

大きな決断は自分で

中学生の時、大の仲良しが
出稼ぎに行くことになったから、
父は反対したけれど
私、中学校を辞めて
友達について行ったの。

今を楽しむ

私の若い頃は戦争のために
楽しいことは何もできなかった。
だから今の若い人はいいなって思うこと、あります。
青春時代になんでもできるって
素敵なこと。

くよくよしてもはじまらない

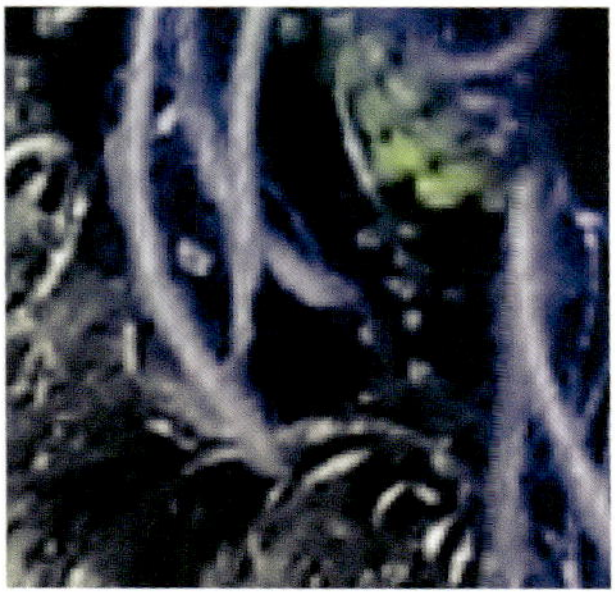

暮らしていくために
大事なのは、
明るい気持ちで
くよくよしないこと。

郵 便 は が き

52円切手を
お貼り
ください

1 0 1 - 0 0 0 3

東京都千代田区一ツ橋2-4-3
光文恒産ビル2F

(株)飛鳥新社　出版部第二編集

『おばあちゃんはファッションモデル』
読者カード係行

フリガナ ご氏名	性別　男・女 年齢　　　歳
フリガナ ご住所〒 TEL　　　(　　　)	
ご職業　1.会社員　2.公務員　3.学生　4.自営業　5.教員　6.自由業　7.主婦　8.その他(　　　)	
お買い上げのショップ名　　所在地	

★ご記入いただいた個人情報は、弊社出版物の資料目的以外で使用することはありません。

このたびは飛鳥新社の本をご購入いただきありがとうございます。

今後の出版物の参考にさせていただきますので、以下の質問にお答えください。ご協力よろしくお願いいたします。

■この本を最初に何でお知りになりましたか
1.新聞広告（　　　　　　新聞）　2.雑誌広告（誌名　　　　　　）
3.新聞・雑誌の紹介記事を読んで（紙・誌名　　　　　　）
4.TV・ラジオで　5.書店で実物を見て　6.知人にすすめられて
7.その他（　　　　　　）

■この本をお買い求めになった動機は何ですか
1.テーマに興味があったので　2.タイトルに惹かれて
3.装丁・帯に惹かれて　4.著者に惹かれて
5.広告・書評に惹かれて　6.その他（　　　　　　）

■本書へのご意見・ご感想をお聞かせください

■いまあなたが興味を持たれているテーマや人物をお教えください

※あなたのご意見・ご感想を新聞・雑誌広告や小社ホームページ上で
1.掲載してもよい　2.掲載しては困る　3.匿名ならよい

「自分はだめ」という考えは捨てること

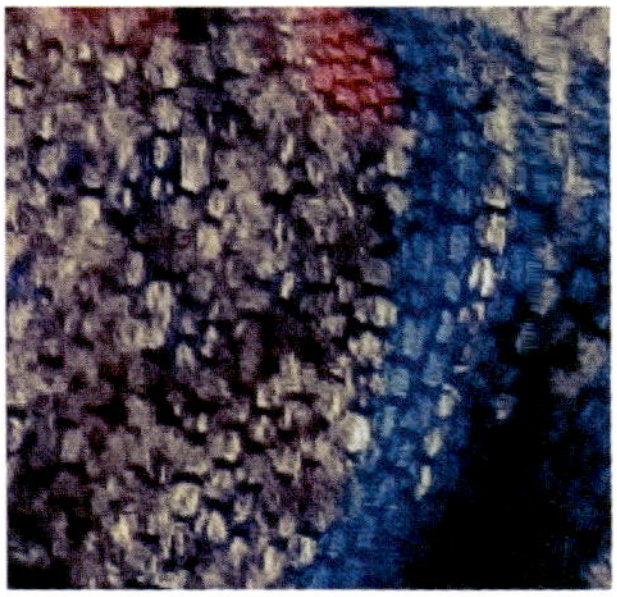

自分をだめな人間だと思ったら
人生が小さくなってしまう。
今がうまくいってなくても、
願いに気持ちを
集中させると叶うもの。

諦めたら沈むだけ

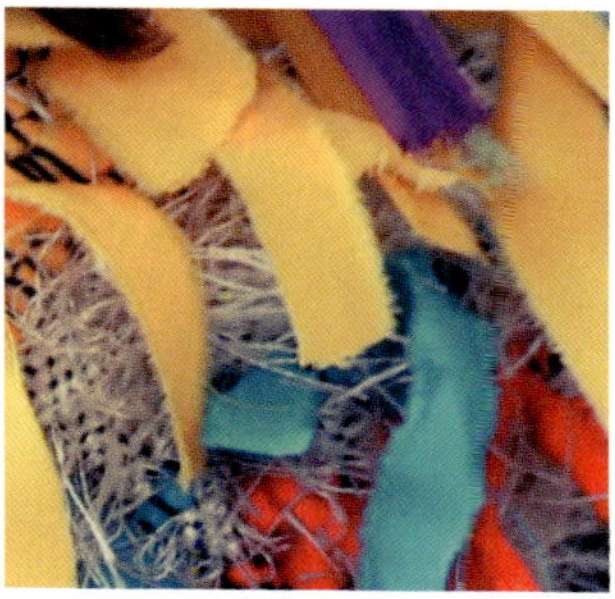

本当に辛い時、
諦めたらだめ。
運命だと受け入れて、
それから楽しいことを考えるの。

HERVÉ MORVAN
AFFICHISTE

CARLING
Black Label
BEER
CINÉMA · PUBLICITÉ
HERVÉ MORVAN
AFFICHISTE

歳をとったら昔を懐かしむことも楽しみのひとつ

小学校からの仲良しで
いつもいつも一緒だったお友達。
会いたいいって思っているせいか、
今でも夢に出てくることがあります。
夢の中では昔に戻って遊んでいて、
そんな日の朝は若返った気分になるの。

働き者の手でもおしゃれをすると華やぐのね

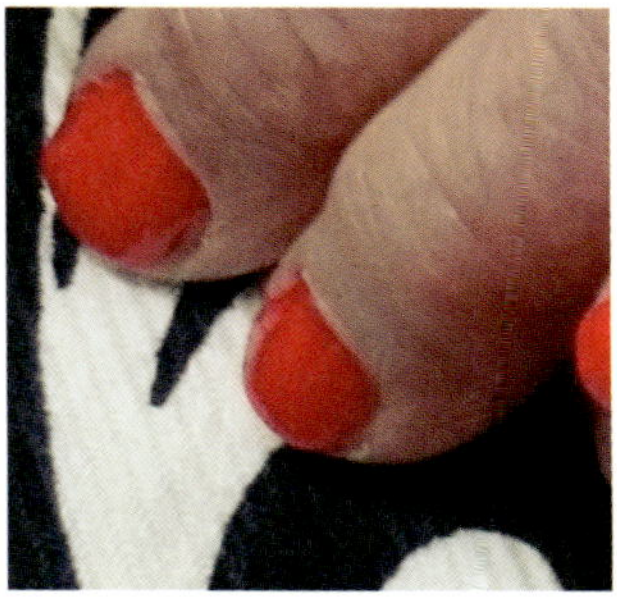

若い時はずっとツルハシを持って
畑を起こしていた。
この手を見て。男の人の手みたいでしょう。
自分の手のことはあまり好きじゃないけれど、
孫の千波にマニキュアをしてもらった時は
やっぱり嬉しいの。

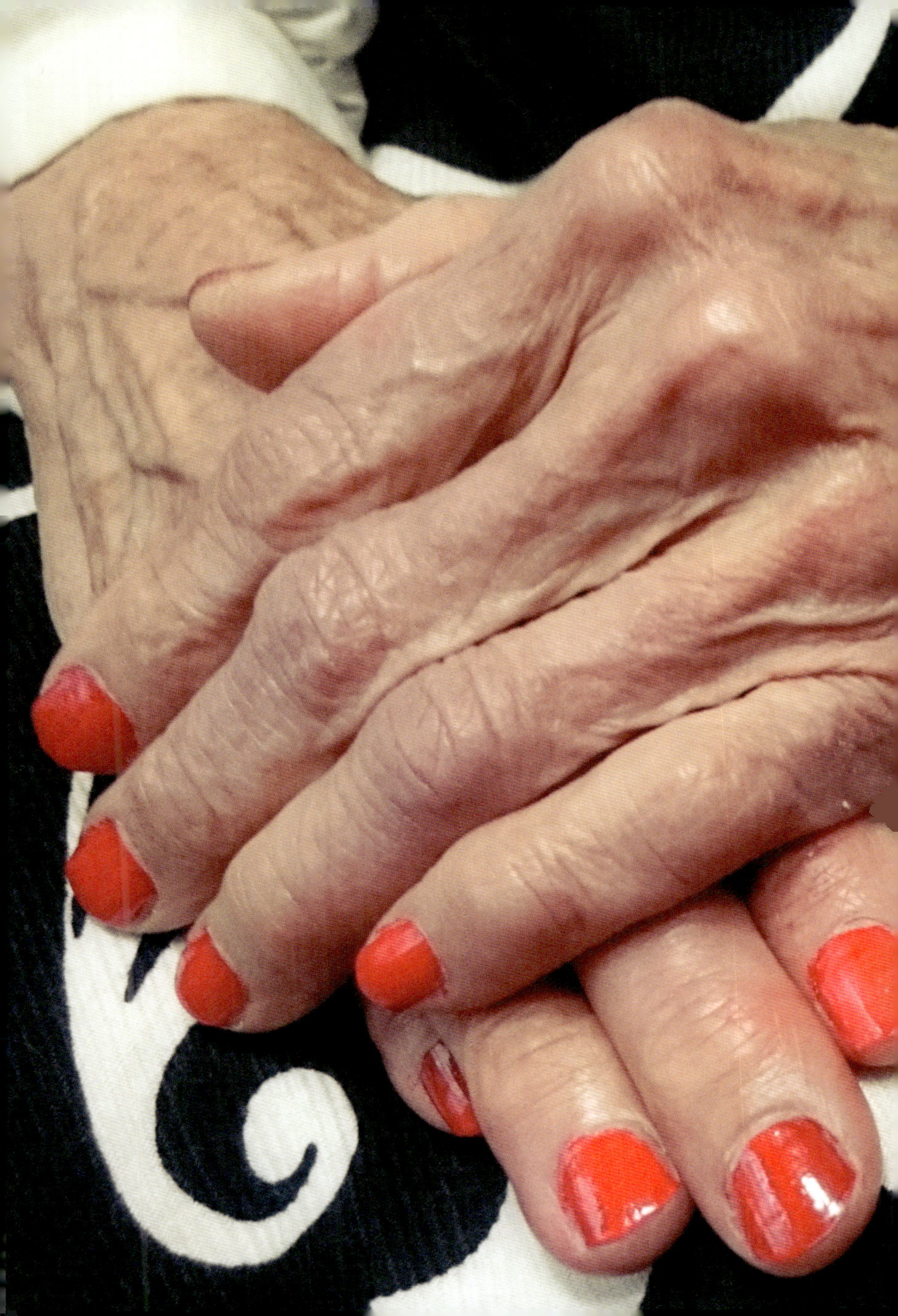

「子供の頃は男の子に交ざって
男子の遊びばかりしていたの」
「私も男の子とよく遊んでた。
そんなところがおばあちゃんに似ているのかも」

孫・千波から見た恵美子おばあちゃん

SAORI
SAORI

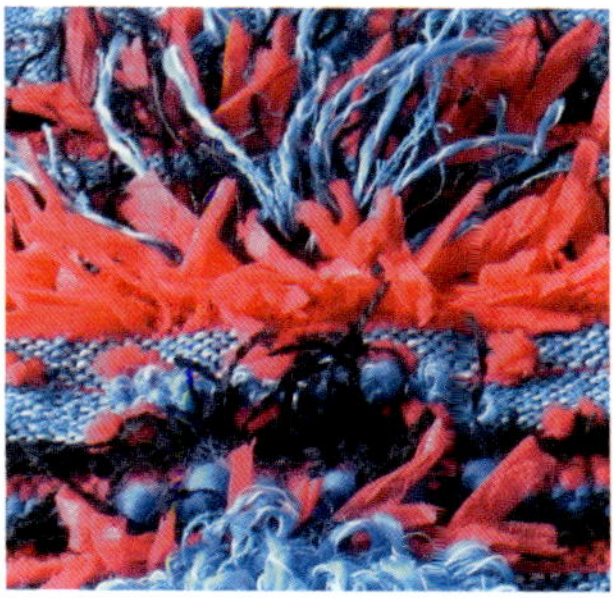

小さい頃からおばあちゃんが大好きでした。
いつまでも一緒にいたいけど、
ずっと一緒にいられるわけではありません。
だから、おばあちゃんには楽しんでもらいたい！
そんな思いでモデルを頼みました。
最初は「こんなおばあちゃんがモデルするなんて変だよ」
と断られてしまいましたが、今ではふたりで
楽しくモデルとカメラマンをしています。
そんな毎日がとても幸せです。

おばあちゃんは柔軟性があって、
聞いたことはすぐに実践するんです。
吸収も早くて、気が若いなって思います。

おばあちゃんは結婚式をあげてなかったそうです。
クローゼットからドレスを引っぱり出して、
おばあちゃんに花嫁に変身してもらいました。
すごく嬉しそうな照れた顔に
私もたまらなく嬉しかったです。
おじいちゃんも遠くから見てたかな。

「スポーツ観戦が好きなの」

「普段はあまりテレビを観ないのに
オリンピックやサッカーW杯は
夜中から起きて観ているよね。
よっぽど好きなんやね！」

「自分のために泣いたのはいつ？」

おばあちゃんに聞いたら
「おじいちゃんが死んだ時」

そう答えました。

50年以上も前だったんです。

おばあちゃんは自分のことよりも
人のために動く人。

そんなところがとても尊敬できます。

おばあちゃんは真面目で
家族の中でいちばんのしっかり者、
家族思いでたくましいんです。

GUCCIのアートワークに参加したことが
ふたりの素敵な思い出。
GucciGram Tianに声をかけてもらい、
おばあちゃんと参加できたことが
一生の思い出になりました。

※GucciGramプロジェクトは、有名・無名を問わず、世界中のアーティストたちに参加を呼びかけ、アーティストとコラボした作品をGUCCIのインスタグラムで紹介するプロジェクト。

「おばあちゃん、早くなったね！」
「仕事が教えてくれる」

おばあちゃんは仕事を手伝ってくれます。
縫った布を返したり、糸を巻いたり。
作業に慣れてくるとどんどん早く作ってくれる。
「仕事が教えてくれる」って格好いいですよね。

千波とさをり織

さをり織との出会い

友達に教室のことを聞いて、初めてさをり織を体験した日、興奮で一睡もできませんでした。

高価な織り機だけど、いつか絶対買うって決めました。

さをり織教室は自宅から片道3時間のところにありましたが、
仕事が休みの日は必ず教室に通っていました。

朝から晩まで、食事をとるのも忘れて熱中して織っていました。

SAORI

さをり織って自由

ルールがない、それがさをり織です。
切れ端も分厚い生地もなんでも編みこめます。
作り方もとっても簡単で、子どもでも疑ったものでなければ一日で織れるんです。
自由に感性だけで織り成せるのがさをり織の魅力です。

AVRIL

さをり織の作り方

簡単！ありもので楽しむ『さをり織』

小さなダンボール箱や余った毛糸など、身近な材料で簡単にできる『さをり織』を紹介します。所要時間は約2時間とお手軽です。これを読んであなただけのデザイン小物を作ってみてください。

※ 恵美子おばあちゃんが着用しているものは、本格的な織り機で制作しています。

作るもの…3色コースター

材料…余った毛糸

タコ糸(縫い糸)

ダンボールの空箱

油性ペン

カッターナイフ

はさみ

セロテープ(マスキングテープ)

割り箸

竹串

ものさし

2

印に沿ってダンボールの上下に切り込みを入れます

3

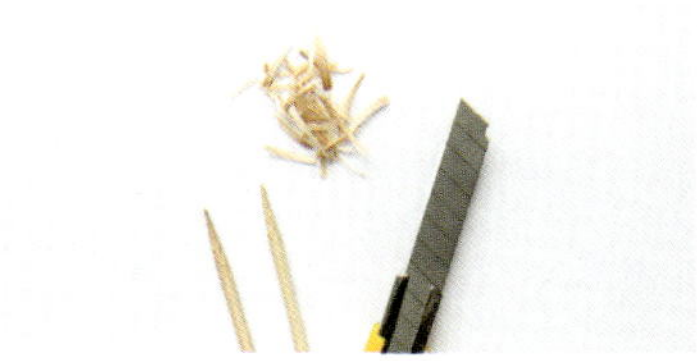

竹串の平らな方を尖らせます。こうしておくと織り機に設置しやすくなります。

6

先につけた印にそって、ダンボール箱の「縦の側面」を切り落とします。こうすることで、横糸が通しやすくなります。

8

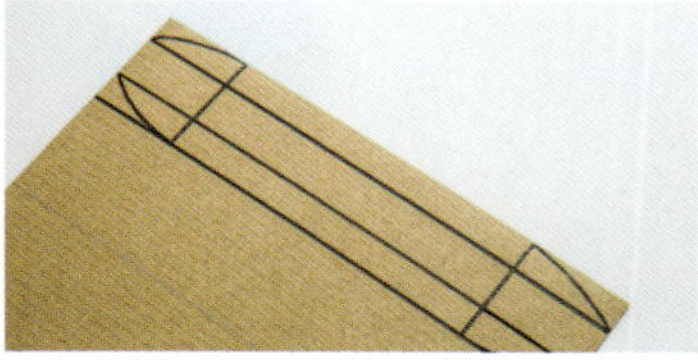

ダンボールで糸通しをつくります。「織り機の幅」よりもやや長めに設計します。中央に糸を巻き付けるので、両サイドに凹みを設けます。

9

糸通しのまわりをセロテープやマスキングテープで補強し、毛糸を適量巻きつけます。

パート1

織り機づくり

1

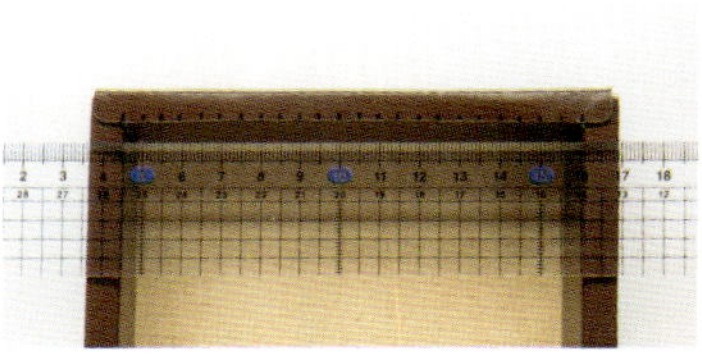

ダンボール箱の上下に印を等間隔につけます。印の幅は毛糸の太さに合わせます。

4

竹串を作りたい作品の幅に合わせてダンボール箱に設置します。竹串があると織り布の幅を一定に保てます。

5

ダンボール箱の「縦方向の側面」を半分切り落とすために、適当な場所に「切込み用の印」をつけます。

パート2

『さをり織』にチャレンジ！

7

縦糸をはります。まず「竹串を通している切り込み」に糸をはさみます。その後、蛇行させながら糸をはっていきます。縦糸は「奇数本」になるようにはりましょう。

12

右から左への折返しは注意が必要です。まずは竹串の右下から上に糸通しを入れます。

13

竹串に引っ掛けて引き抜きます。

16

ちょうど良い幅になるまで織ります。この時、「縦糸の端」と「横糸の端」を結んで固定したいので、２本が「同じところ」に来るところで終わらせましょう。

17

余った全ての縦糸を丁寧に引っ張り、織り布を固定します。もしも縦糸が余りすぎて上手く引っ張れない時は「輪になった部分」の端を切り、２本に分かれた糸を横糸の根本で固結びして処理しましょう。

10

割り箸で「縦糸を一本飛ばしながら」拾います。「偶数目」が割り箸の上に乗ります。この割り箸の隙間をつくっておくことで糸通しをスムーズに通せます。

11

「左側の縦糸の端が出ている部分」を起点に、最初の糸を通します。「割り箸で作った隙間」を一気にくぐらせます。

14

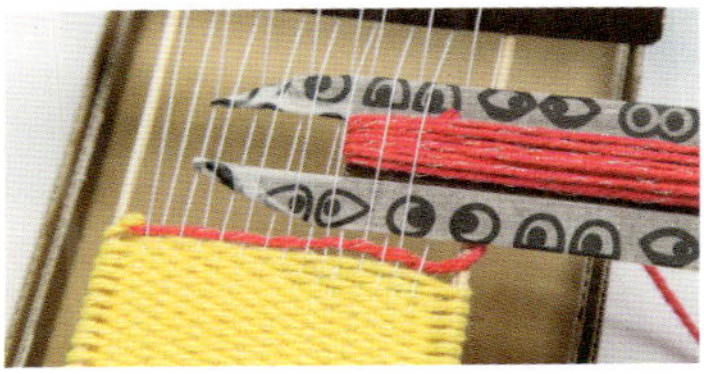

右から左への糸通しでは「割り箸の隙間」は使えないので、指で糸を押さえながら、丁寧に縦糸を「一本飛ばし」でくぐらせます。

15

糸の色を変える時は 2 本の糸を結びます。

18

縦糸の端と、横糸の端を固結びしてから切り落とし、竹串を抜きます。

19

３色コースター完成です！

「おばあちゃん、今度の誕生日に沖縄に帰ってみようよ。

家族にも友達にも会いに行けるよ！」

「友達には会いたいけど、まだ行ったことのない東北や北海道にも行ってみたいかな」

Beer

ふたりのはなし

と

「恵美子おばあちゃん」の生い立ち

「おばあちゃんモデル」がうまれたわけ

千波　実は、最初から「服のモデルをしてほしい」って思っていたわけではないんです。モデルをすることで「おばあちゃんが楽しんでくれたらいいな」、そんな気持ちで声をかけました。おばあちゃんの笑顔を一度でも多く見たいじゃないですか。だから「さをり織」をはじめるずっと前から、華やかな服やネイルを楽しんでもらっていたんです。モデルをお願いしたのにその延長でした。「さをり織り」は立体的な織物です。人が着用するほうが魅力を表現できるだろうし、それでおばあちゃんが楽しめたら一石二鳥。でも、最初は断られたんですよ。ね、おばあちゃん。

恵美子　モデルっていうのは、普通は若くて美人の方がやってるでしょ。「こんな年寄りがおかしいわ」って何度も断っていました。でも、1回やり、2回としているうちに、だんだん慣れてきました。今はとても楽しいです。お化粧も、撮る時も、衣装も。ぜんぶ楽しんでやっています。

千波　インスタグラムの本部から声をかけてもらって、デイリーメールなどで取りあげられたのが最初です。その後、テレビ番組の取材を受けたり、ネットで拡散されました。さらに、GucciGram Tianに声をかけてもらえて「GUCCIのアートワーク」におばあちゃんと2人で参加できました。

恵美子　記念になったね！

千波　インスタグラムにコメントが来ると、すべておばあちゃんに話しています。「おばあちゃん、かわいい！」「似合ってる！」、そんな感想を読みながらおばあちゃんの顔を見ると、やっぱりすごい嬉しいみたい。そんな時は、私もテンションがあがって、いい気分で作品を織れます。

恵美子　嬉しいです。嘘でもたくさんかわいいよって言ってもらえるのはやっぱり嬉しいですね。前よりかは気持ちが若くなった、そんなふうに感じます。

千波　おばあちゃんにモデルをしてもらってから、色々なことがプラスに働いています。

日常のふたり

千波　いつも私がおばあちゃんを家まで迎えに行くんです。ね、おばあちゃん。

恵美子　たくさん会いたいからって千波が近くに引っ越してきてくれて。

千波　おばあちゃんは家の中では歩くけど、外出する時は車椅子だから押して仕事場まで連れてくるんです。そしたら、おばあちゃんは織り機の横のソファで座って、手伝ってくれたり読書をしたり。

恵美子　千波が織っているところを見るのは退屈しないね。どの色を選ぶかとかね、綺麗に作るからね。

千波　おばあちゃんにモデルをしてもらう時は、メイクやネイルや服のコーディネートも全部、私がやっています。洋服も私の服を着てもらっているんです。

恵美子　千波の服はおしゃれだからね。

千波　おばあちゃんは普段、どちらかというと地味な服を着ているよね。だからいつも派手なおばあちゃんってわけじゃないんです。

恵美子　そうだねえ。

千波　でも、モデルをしている時も普段も、変わらず笑顔は素敵なんです。

ふたりの旅行計画

千波　おばあちゃん、沖縄に帰りたくない？　いっしょに沖縄旅行に行こうよ。

恵美子　遠いからねえ。

千波　遠くないよ、飛行機ですぐだから。お姉さんや友達に会いたいでしょ？　おばあちゃんのお姉さんも99歳で、ふたりを会わせてあげたいねってお母さんと相談していたの。おばあちゃんまたブルーシールのアイス食べようよ。

恵美子　沖縄もいいけど、行ったことのない東北や北海道にも行ってみたいかな。

「恵美子おばあちゃん」の生い立ち

私の母は親からの借金を継いだので、家は貧乏でした。でも、父が漁師だったから食べ物は周りの家に比べても不自由しなかったの。母は働き者でした。おかげで屋敷と子どもの服はいつもきれいで、学校の先生にもほめられたことがありました。母はよく芭蕉の葉で染めた糸を作って、その美しい糸で着物を織ってくれました。

小学生の頃は仲良しのお友達とよくままごとをして遊んでいました。男の子にまじって外で遊ぶこともたくさん。中学生になって、紡績工場に出稼ぎに行くことにしました。昔はみんな貧しかったから。父から中学校を卒業してから行きなさいって言われたけど、仲良しのお友達が和歌山の紡績工場に行くと言ったから反対を押し切ってついて行きました。

太平洋戦争がはじまったのは、19歳の時、横浜にあった東芝の軍需品工場の職工さんのための食堂で働いていました。お客さんは10代の食べ盛りの学生さん達、一生懸命働いているのに食糧難でほんの少ししかご飯をついであげられませんでした。お腹をすかせながら懸命に働いている様子を見たら、可哀そうで思い出すと今でも涙が出る。

そして、毎晩のように空襲警報が鳴りました。そんな時は鶴見駅の裏の山にある防空壕に逃げました。そこで顔見知りに出会うと挨拶は決まって「元気だった?」「今日は会えたね」、別れる時も「明日まで元気でいようね」と言い合っていました。

終戦の年、私は23歳でした。故郷の沖縄に帰るか、私は迷っていました。なぜなら沖縄は激戦地だったから、年寄りや子ども以外はみんな死んでしまったという噂が流れていました。家族も親戚も友達もきっとみんないないわね、って諦めていたのだけれど、どうしても故郷の様子を一目見たいという一心で沖縄に帰ることにしたのです。これからひとりぼっちで生きていくんだって覚悟を決めていたけれど、故郷に帰ったら家族も親戚もみんな生きていて、本当に嬉しくて夢のようでした。

主人とは終戦の翌年に結婚しました。許嫁で結婚の約束をしていたけれど、主人は4年間、戦争に行き、戦地から熊本の陸軍病院に運ばれて帰ってきました。ある時、親戚の家で新聞を読んでいたら、主人の名前が載っていて慌てて熊本に向かいました。パンなどの食べ物をたくさん買ってお見舞いに行ったのだけれど、到着した時には主人は退院して一足先に沖縄に帰ってしまっていました。行き違いになってしまったけれど、無事沖縄で再会でき、結婚しました。

結婚した時の新居は軍の払い下げのテントに夫の兄弟3所帯で生活しました。お風呂はドラム缶、トイレも手作りでした。畑は戦時中、道路として使われていたので石が敷き詰められていました。畑に戻すために毎日、ツルハシで石を掘り返しました。今ではとても考えられないけど、男にまじって本当に大変な作業をこなしていたのです。

主人は大工の仕事をしていました。梅雨の時期のある日、仕事中に怪我をして破傷風になってしまいました。伊江島にも本島にも血清注射がなくて、本土から取り寄せたのだけど間に合いませんでした。主人が39歳、私が35歳の時のことです。主人が亡くなってしばらくした後に、お腹の中に末の娘がいることがわかりました。

主人が亡くなってからは親戚に助けられながら畑を耕して生活していました。5人の小さな娘がいる母子家庭の糧《かて》は、親戚の援助や軍の配給品、国の救済金、たくさんの助けのおかげで子どもたちと生活することができ、本当に感謝しています。

長く暮らしていた伊江島には高校がなかったので、娘たちは大きくなると那覇で下宿して学校に通いました。私もしばらくすると那覇に引っ越し、食堂で働くことにしました。54歳の時に独立した娘に呼ばれて兵庫で暮らすことになり、それからは娘や孫に食事を作ったり、庭で家庭菜園を楽しんだり。甲子園にもよく行きました。

沖縄からはじめて大阪に来た時、電車に乗るために急いで走る人を見ました。沖縄はのんびりしたところだったので、そのような人は見たことがありません。大阪って面白いところだわってわくわくしたのを覚えています。

72歳の時、震災が起こりました。古い社宅に住んでいたので、とても揺れて箪笥の下敷きになりました。幸い、怪我はありませんでしたが、自宅がだめになってしまったので一時期は仮設住宅に住んでいました。

何度かの引っ越しを経て、今の家に越してきました。千波も歩いて行ける距離に住んでくれています。

今がいちばん、幸せです。

渡久地　恵美子

おばあちゃんはファッションモデル

2016年11月25日　第1刷発行

著者　森千波　渡久地恵美子

発行者　土井尚道

発行所　株式会社 飛鳥新社

〒101-0003
東京都千代田区一ツ橋2-4-3 光文恒産ビル
電話　（営業）03-3263-7770
　　　（編集）03-3263-7773
http://www.asukashinsha.co.jp

編集協力：山縣綾子

装丁：千場風花

写真編集：下地成浩

印刷・製本：中央精版印刷株式会社

ISBN 978-4-86410-523-1　©Mori Chinami Wakuchi Emiko 2016,Printed In Japan

編集担当：宮﨑綾